Eva Rüscher · Fensterbilder riesengroß – Ideen für das ganze Jahr

EVA RÜSCHER

FENSTERBILDER RIESENGROSS IDEEN FÜR DAS GANZE JAHR

MIT VORLAGEN IN ORIGINALGRÖSSE

Christophorus-Verlag · Freiburg i. Br.

Inhaltsverzeichnis

Liebe Fensterbilder-Freunde!

Anstelle eines Vorwortes möchte ich Ihnen in diesem Buch zeigen, wie meine riesengroßen Fensterbilder entstehen, und Ihnen Mittel und Wege weisen, damit Sie schon bald Ihre eigenen riesengroßen Fensterbilder entwerfen und herstellen können.

Sie sehen zunächst eine erste kleine Skizze zu dem Motiv *Zirkuseisenbahn* (siehe Seite 32!). In dieser Skizze sind natürlich schon ein gewisser Aufbau und einige technischen Notwendigkeiten versteckt. So bilden einige Tiere eine Verbindung vom Zug zur Qualmwolke, was unerläßlich ist, um dem später riesengroßen Fensterbild eine gewisse Stabilität zu verleihen. In meinem ersten farbigen Entwurf habe ich einige Tiere aus formalen Gründen umgruppiert. So ist etwa die Größe und die Anzahl der Tiere im ersten Wagen bei der Ideenskizze nicht ausgewogen zum zweiten Wagen am Schluß des Zuges, der dagegen zu leer wirkt. Um die Tiere möglichst echt zeichnen zu können, habe ich zum Teil Tierbücher herangezogen. Die Abbildungen müssen allerdings für ein Fensterbild weitgehend vereinfacht werden. Für ein riesengroßes Fensterbild kommt es auf eine klare, einfache Form mit möglichst wenig Binnenzeichnungen an.
Mit den Tierbüchern (es können auch gute Bilderbücher sein) befinden Sie sich übrigens in bester Gesellschaft. Schon Henri Rousseau, der große Autodidakt, malte die Tiger und Löwen seiner Bilder nach Abbildungen in Schulbüchern!

In meinem ersten Entwurf lege ich auch bereits weitgehend die Farben fest. Das heißt natürlich nicht, daß es während der Anfertigung des Fensterbildes noch Änderungen geben kann, falls dies erforderlich ist. Bei der Auswahl der Farben arbeite ich immer noch im Format DIN A4, also noch meilenweit entfernt von riesengroß (!), denn dieses Format ist einfach besser überschaubar. Sie werden bei eigenen Entwürfen bemerken, daß man auch die Formen der verschiedenen Bildteile dann besser im Griff hat.

Mein nächster Schritt ist eine Kopie der fertigen Entwurfsskizze auf eine Tageslichtprojektorfolie. Das kann man in Copy-Shops oder Lichtpausereien machen. Ebensogut können Sie die Umrißzeichnung mit wasserfestem Folienstift auf eine Folie übertragen. Mit Hilfe eines Tageslichtprojektors (Overhead-Projektor) vergrößere ich die Zeichnung auf der Folie. Diese Geräte sind nicht nur in Schulen zu finden. Viele Hotels, die Seminarräume anbieten oder Firmen, die intern Weiterbildung betreiben, besitzen solche Geräte. Auch in Volkshochschulen wird damit gearbeitet. Mit diesem Gerät kann man die

Zeichnung in beliebiger Größe auf die Wand, d.h. in unserem Fall auf einem stabilen, an der Wand befestigten Tonkarton, projizieren und dort nachzeichnen. Sollten Sie keine Möglichkeit haben, mit einem solchem Gerät zu arbeiten, können Sie sich im Copy-Shop Vergrößerungen auf Papier machen lassen. Mit einem Laserkopierer sind der Vergrößerung nahezu keine Grenzen gesetzt, aber Vorsicht, auch die Kosten steigen rapide!
Nun kann man allerdings nicht alles und jedes beliebig vergrößern. Gänseblümchen im Riesenformat werden ihre Wirkung verlieren, weil das charakteristische, das winzig kleine, zarte, verlorengeht. Viele stark vergrößerte Formen müssen auch noch einmal nachgearbeitet werden, wenn die kleine Form nicht differenziert genug gestaltet war. Diese und ähnliche Erfahrungen werden Sie machen, wenn Sie mit eigenen Ideen in die Gestaltung riesengroßer Fensterbilder einsteigen. Beginnen Sie mit einfachen Dingen wie etwa dem *Mädchen mit Enten* (siehe Seite 50!). Die Formen sind einfach, die Teile nicht so schwer zusammenzukleben wie etwa beim *Kinderkarussell* (siehe Seite 22!). Bei diesem Bild muß man schon genau überlegen, welches Teil doppelt, welches einzeln geschnitten und in welcher Reihenfolge die Teile geklebt werden müssen.

Vielleicht haben Sie eine besonders schöne Kinderzeichnung, ein Bild aus einem Bilderbuch, eine Gratulationskarte, die Ihnen besonders gefällt, oder die Abbildung auf einer Tragetasche. Zeichnen Sie von dieser Idee einen Entwurf, lassen Sie Überflüssiges weg, vermeiden Sie unnötige Überschneidungen, welche die Bildaussage verwischen, suchen Sie die große, einfache Form.
Ihren vergrößerten Entwurf übertragen Sie wie beschrieben auf Tonkarton und fertigen sich damit Schablonen an. Prüfen Sie anhand der Schablonen die Wirkung der Fensterbilder, bevor Sie die einzelnen Teile aus Tonkarton und Tonpapier arbeiten. Bewahren Sie unbedingt alle Schablonen auf, egal ob klein oder groß. Auf diesen Fundus können Sie immer wieder zurückgreifen, und oft läßt sich auch einiges ganz passabel variieren. Die zahlreichen Zeichnungen einzelner Motive, die Sie in diesem Buch finden, geben Ihnen die Möglichkeit, weitere Fensterbilder zu gestalten.
Bei der Herstellung Ihrer eigenen – und der Fensterbilder in diesem Buch – wünschen ich Ihnen viel Freude.

Ihre

Eva Rüscher

Das Material Papier

Tonpapier und Tonkarton
Die Arbeiten, die Sie in diesem Buch finden, sind vorwiegend aus Tonpapier bzw. Tonkarton hergestellt. Dieses Material wird bereits in der Papiermasse während des Herstellungsprozesses gefärbt. Daher sind auch die Schnitt- oder Reißkanten farbig. Buntpapier hingegen hat immer weiße Schnittkanten, da erst das fertige Papier farbig bedruckt wird. Die Verarbeitung von Buntpapier erfordert höchste Genauigkeit, da unsaubere weiße Ränder immer unangenehm auffallen. Die Papierstärke von Tonpapieren variiert. Gemessen wird es in Gramm pro Quadratmeter. Sie finden im Handel Tonpapier mit ca. 130 g/m^2. Diese Sorte wird für Fensterbilder am meisten verwendet. Ein festeres Papier – fast ein Mitteldiing zwischen Papier und Karton – ist mit ca. 180 g/m^2 zu erwerben. Dieses Material eignet sich bei nicht zu großen, relativ geschlossenen Formen, weil sich ohne Schwierigkeiten gleich zwei Fensterbilder daraus schneiden lassen (z.B *Tulpen*, siehe Seite 55!). Arbeiten Sie mit einem Material von 220 bis 240 g/m^2, wird dieses als Tonkarton bezeichnet. Dieses zeichnet sich durch große Festigkeit und Stabilität aus.

Die Farbpalette des Tonpapiers in Fachgeschäften ist oft überwältigend. Sie wird noch erweitert durch verschiedene Anbieter, deren Farbtöne so gut wie nie übereinstimmen. Selbst verschiedene Lieferungen eines Herstellers können sich farblich voneinander unterscheiden. Versuchen Sie deshalb nie, den genauen Farbton der Abbildungen dieses Buches zu erhalten. Die Farben der Abbildungen können durch technische Bedingungen vom Original abweichen.
Seit einiger Zeit werden im Handel auch lichtechte Papiere angeboten. Diese sind natürlich nicht hundertprozentig lichtecht, halten aber der Sonneneinstrahlung doch merklich besser stand als herkömmliches Material. Für besonders aufwendige Arbeiten oder Fensterbilder, die lange dekoriert bleiben sollen, lohnt es sich also, mit diesem teureren Material zu arbeiten.

Papiere einiger Firmen haben eine leichte Struktur, so daß man von einer strukturierten Vorder- und einer glatten Rückseite sprechen kann. Zeichnen Sie grundsätzlich die Muster auf die glatte Seite des Tonpapiers, auf der Sie auch besser radieren können. Wenn Sie ein strukturiertes Tonpapier verwenden und Motive aus doppelt gelegtem Material schneiden wollen, falten Sie die strukturierte Seite immer nach innen und zeichnen das Motiv auf die glatte Seite. Die beiden glatten Seiten kleben Sie dann nach dem Ausschneiden deckungsgleich aufeinander. So haben Sie die vorgezeichnete Seite innen liegen, die beiden Außenseiten sind strukturiert. Das Fensterbild hat auf diese Weise im Lichteinfall eine bessere Wirkung.

Gemusterte Papiere
Bei einigen Arbeiten dieses Buches wurde auch kleingemustertes Geschenk- und Schrankpapier eingesetzt. Ihrer Phantasie sind bei der Ausgestaltung der Fensterbilder mit Buntpapieren keine Grenzen gesetzt. Bei vielen der abgebildeten Fensterbilder lassen sich einzelne Motivteile aus gemusterten Papieren gestalten. Bedenken Sie bitte nur bei der Bearbeitung, daß Sie für diese feinen Papiere einen Klebestift verwenden müssen, da der flüssige Klebstoff fleckig durchschlagen kann.

In zwei der gezeigten Fensterbilder (*Zirkuseisenbahn*, Seite 33, *Seelöwennummer*, Seite 44) wurde jeweils ein kleiner Rest irisierender Lackkarton verwendet. Es wäre natürlich unsinnig, für diese kleinen Teile einen ganzen Bogen dieses recht teuren Materials zu kaufen. Sie können ebensogut einen noch vorhandenen Rest glänzendes Buntpapier oder ein Stück einer glänzenden Folienverpackung verwenden.

Transport und Lagerung
Sie sollten versuchen, die Tonpapiere so zu lagern, wie diese auch bei Ihrem Händler gelagert sind. Die Tonpapiere sollten möglichst liegend, ohne Lichteinfall, gelagert werden. Bewährt haben sich auch große flache Kartons oder Pappen, in denen man die großen Formate bequem hochkant hinter einen Schrank schieben kann. Möglichst ungerollt sollten Sie das Material auch nach Hause transportieren oder dort zumindest schnell wieder entrollen.

Reste
Sammeln Sie die bei der Arbeit anfallenden Reste in passenden Kartons. Mit fünf Kartons (rot, gelb, blau, grün und weiß-schwarz-braun) können Sie alle Reste aufbewahren und haben gleich alles griffbereit für weitere Fensterbilder.

Das Übertragen der Motive

Auf dem Vorlagenbogen finden Sie alle Motive dieses Buches in Originalgröße, kleinere Teile der Motive sind teilweise den jeweiligen Fensterbildern im Innenteil des Buches zugeordnet.
Zum Übertragen der Motive vom Vorlagenbogen gibt es zwei Möglichkeiten: Besorgen Sie sich im Fachhandel eine Packung Kopierpapier für Schneider. Darin finden Sie jeweils einen Bogen Kopierpapier in Gelb und in Weiß in den Maßen 83 x 57 cm. Legen Sie das Kopierpapier mit der eingefärbten Seite auf den Tonkarton und darauf den Vorlagenbogen mit dem gewünschten Motiv. Befestigen Sie alle drei Teile miteinander (Büroklammer, Klebeband), damit während des Durchzeichnens nichts verrutscht, und fahren Sie das Motiv mit einem Bleistift nach. Diese schnelle Methode hat den Nachteil, daß Linien, die nicht weggeschnitten werden, nicht mehr ausradiert werden können.
Etwas aufwendiger ist die zweite Methode. Ebenfalls im Fachhandel für Schneider bekommen Sie Packungen mit Seidenpapier bzw. Transparentpapier. Legen Sie einen Bogen auf das gewählte Motiv, und zeichnen Sie dieses mit Bleistift auf das Seidenpapier durch. Schraffieren Sie auf der Rückseite die Linien der Bleistiftzeichnung mit einem weichen Bleistift (B4) möglichst eng. Diese Schraffurseite legen Sie auf den Tonkarton und fahren das Motiv noch einmal nach. Durch die Schraffur auf der Rückseite bildet sich das Motiv auf dem Tonkarton ab. Wenn Sie das Fensterbild ausgeschnitten haben und noch Bleistiftlinien stehengeblieben sein sollten, können Sie diese ohne Schwierigkeiten ausradieren. Die Seidenpapiervorlage können Sie mehrfach benutzen und Ihr Vorlagenbogen bleibt unversehrt.
Auf dieselbe Art können Sie natürlich die Vorlagen im Innenteil des Buches übertragen. Da es sich jedoch hier um flächenmäßig kleine Teile handelt, schlage ich Ihnen als Motivträger eine starke Klarsichtfolie vor, wie man sie zum Beispiel von Geschenkverpackungen sammeln oder als stabile Einsteckhüllen im Fachhandel kaufen kann. Besorgen Sie sich außerdem einen feinen, wasserfesten Folienstift. Legen Sie nun die Folie auf das gewünschte Motiv, zeichnen Sie es mit dem wasserfesten Folienstift nach und schneiden Sie es aus. So erhalten Sie eine immer wieder verwendbare Schablone. Sammeln Sie die Schablonen, sie können den Grundstock für Variationen oder eigene Entwürfe bilden!

Bei einigen Motiven (z.B. *Zirkuszelt mit Besuchern*, siehe Seite 36!) ist eine Fülle verschiedener Kleinteile vorgegeben. Damit Sie nicht ständig suchen müssen, welche Teile davon zusammengehören, klammern Sie sich alle Teile eines Motivs mit einer Büroklammer zusammen oder sortieren Sie alle Kleinteile eines Bildgegenstandes in jeweils einen Briefumschlag. So bereitet das Wiederfinden keine Probleme.

Das Schneiden

Cutter
Auch wenn Sie noch nie mit einem Papiermesser gearbeitet haben, wagen Sie einen Versuch! Diese sogenannten Cutter sind schon recht preiswert – teilweise als Einweggerät geplant – im Handel zu erhalten. Die Klingen sind einzeln im Fachhandel erhältlich, so daß Sie auch aus einem Einweggerät ein länger verfügbares Werkzeug machen können. Wichtig ist, daß der Cutter gut in der Hand liegt. Er wird wie ein Füllfederhalter gehalten und immer nur mit *einem* herausgeschobenen Klingenteil eingesetzt. Im Griff sitzt ein Teil, das die Klinge nach vorne schiebt, hier ist eine kleine Bremse integriert. Ziehen Sie diese nach hinten, rastet die Klinge ein und

steht zum Schneiden fest. Ebenfalls integriert ist eine Vorrichtung, um das Klingenteil, wenn es nach dem Schneiden stumpf geworden ist, abzubrechen. Ich bevorzuge für diesen Vorgang eine Flachzange, da das Plastikgerät erfahrungsgemäß ausleiert oder bricht. Auf jeden Fall sollten Sie bei diesem Vorgang das Messer weit von sich halten, damit keine Verletzungsgefahr durch das eventuell abspringende Klingenteil besteht. Lassen Sie diesen Vorgang *niemals* von Kindern ausführen!
Nun fehlt Ihnen zur Arbeit mit dem Cutter nur noch eine geeignete Unterlage. Bewährt hat sich eine feste Pappe, etwa die Rückseite von Zeichenblöcken, Kalendern oder feste Pappkartons. Sie können auch ein Stück Linoleum verwenden. Der Fachhandel bietet eine sogenannte Cut-mat (Schneidewiese) in verschiedenen Formaten an. Gerade Schnitte schließen sich in diesem Material wieder. Fertigen Sie allerdings Keilschnitte an, trennen Sie auch dieses Material heraus und zurück bleibt eine unebene Fläche. Da der Anschaffungspreis zudem nicht unerheblich ist, empfehle ich Ihnen den guten alten Karton als Unterlage.

Scheren
Schon bald werden Sie feststellen, daß der Vorteil des Cutters ein besonders zügiges und sauberes Arbeiten ist.
Natürlich kann nicht alles und jedes mit dem Cutter geschnitten werden. Kleine, enge Rundungen schneidet der Cutter nicht mehr, da schiebt er das Material nur noch zu häßlichen Stegen zusammen. Sie benötigen also auch noch eine Schere, besser sogar zwei! Die eine sollte ca. 12 – 14 cm lang sein, sie ist im Handel als Handarbeitsschere bekannt. Sie hat spitze, scharfe Scherenteile und eignet sich vorzüglich, um große Rundungen, etwa die Kontur beim *Riesenei mit Hühner,* siehe Seite 52, zu schneiden. Die zweite Schere ist für kleine, enge Rundungen gedacht. Hier kommen Sie am besten mit einer leicht gebogenen Nagelhautschere zurecht.
Es ist oft von Vorteil, wenn Sie sowohl mit dem Messer als auch mit der Schere arbeiten. Sehen Sie sich einmal die *Pfützenkinder* auf Seite 19 an. Die langen, geraden Schnitte habe ich alle mit dem Messer geschnitten. Um enge Biegungen – etwa die gespreizten Finger der Hand – schneide ich eine grobe Umrißlinie. Die feinen Rundungen der Finger sind dann wesentlich leichter mit der Nagelhautschere zu schneiden. Versuchen Sie also immer die für Sie günstigste Kombination von Schere und Messer zu finden.

Tips und Tricks
❍ Bei dünnen Papieren (etwa Regenbogenbuntpapier) setzt das Material der Schere weniger Widerstand entgegen. Schneiden Sie hier langsamer, sonst sind Sie schnell über die gewünschte Linie hinaus.
❍ Wenn Sie Teile aus doppelt gelegtem Tonpapier schneiden, so bearbeiten Sie die Faltkante zuletzt, da diese Ihnen Ihre beiden Werkstücke zusammenhält und verhindert, daß diese sich während des Schneidens verschieben. Bevor Sie diese beiden gleichzeitig ausgeschnittenen Teile auseinandernehmen, markieren Sie die Teile mit einem Zeichen oder einer Zahl. Beim Kleben streichen Sie die markierte Seite mit Klebstoff ein. So passen die Teile immer zusammen und eventuell stehengebliebene Linien vom Vorzeichnen sind unsichtbar.

Das Kleben

Die Fensterbilder, die ich Ihnen in diesem Buch vorstelle, sind alle mit UHU flinke flasche geklebt. Dieser Klebstoff erlaubt ein zielgerichtetes und punktuelles, durch das Hochdrehen der Kappe auch großflächiges Kleben.
Alle dünnen Papiere kleben Sie mit einem Klebestift (z.B. UHU stic), da UHU flinke flasche bei diesen Papieren fleckig durchschlagen würde. Bei den einzelnen Arbeitsanleitungen ist in diesem Buch nur noch von Klebstoff und Klebestift die Rede.

Die wichtigste Regel, die ich Ihnen mitgeben möchte, lautet: Alle zu klebenden Teile erst einmal „trocken" anlegen, um die Zuordnung zu überprüfen. Das ermöglicht Ihnen, die Teile so lange hin- und herzuschieben, bis Sie die richtigen Positionen gefunden haben. Außerdem kommen Sie dann nie in Versuchung, die falsche Seite mit Klebstoff einzustreichen!
Das Ankleben von kleinen Teilen wird Ihnen keine Schwierigkeiten bereiten. Großflächige Teile sollten Sie erst einmal ohne Klebstoff in die richtige Position bringen. Sobald diese erreicht ist, heben Sie eine Ecke oder eine Kante vorsichtig hoch, geben etwas Klebstoff auf das Papier und drücken dieses an. Nun kann das Teil nicht mehr verrutschen und Sie können bequem die restliche Fläche ankleben. Setzen Sie den Klebstoff nicht unmittelbar an die Schnittkante. Beim Andrücken des Teils könnte der Klebstoff dann unschön hervorquellen und häßliche Flecken hinterlassen.
Hinweis: In mehreren Vorlagen für Fensterbilder werden Sie schraffierte Stellen finden. Diese Flächen sind die Klebestellen, die von einem weiteren Bildteil überdeckt werden.

Das Befestigen

Nach dem Kleben ist das Befestigen der Fensterbilder im Fenster der letzte Arbeitsschritt. Einige wenige Fensterbilder sind in sich so stabil, wie etwa der *Weihnachtsbaum*, Seite 60, daß sie an einem Faden aufgehängt im Fenster befestigt werden können. Die meisten Fensterbilder müssen an mehreren Stellen, besonders dort, wo Teile herauszuklappen drohen, an der Fensterscheibe befestigt werden. Drehen Sie dazu aus farblosem Klebefilm kleine Röllchen – Klebefläche außen – die Sie an allen exponierten Stellen des Fensterbildes anbringen. Der Handel bietet doppelseitig klebendes, farbloses Klebeband an, das sich für diesen Zweck gut eignet.
Bei starker Sonneneinstrahlung verbindet sich der Klebefilm mit dem Fensterglas sehr fest. Einige Tropfen Pinselreiniger oder Farbverdünner auf einem Tuch helfen Ihnen, die Reste problemlos abzureiben.

Der Rattenfänger von Hameln

Motiv A

Material
1 Bogen Tonkarton in Blau

Werkzeug
Cutter

Arbeitsablauf
1. Übertragen Sie das Motiv mit Hilfe des Vorlagenbogens auf den Tonkarton.

2. Sorgen Sie für eine genügend große Arbeitsfläche, so daß Sie Ihr Werkstück immer mitsamt der Unterlage in die richtige Schneiderichtung drehen können.

3. Da die Kirchturmspitze wenig Verbindung zum Rand hat, sollten Sie diese zuletzt schneiden, damit nicht versehentlich Risse entstehen.

Hase und Igel

Motiv B

Material
1 Bogen Tonkarton in Grün

Werkzeug
Cutter

Arbeitsablauf
1. Übertragen Sie das Motiv mit Hilfe des Vorlagenbogens auf den Tonkarton.

2. Schaffen Sie sich eine genügend große Arbeitsfläche, damit Sie Ihr Werkstück zusammen mit der Unterlage immer in die gewünschte Schneiderichtung drehen können.

3. Beginnen Sie an der stabileren Seite des Hasen mit der Schneidearbeit, und arbeiten Sie sich langsam zum Igel vor. Dabei achten Sie darauf, daß die Verbindung der letzten Tanne zum Baum des Igels nicht reißt.

Tip: Dieses Fensterbild müssen Sie an mehr Stellen als üblich am Fenster befestigen, damit kein Teil hervorklappen kann.

Rumpelstilzchen

Motiv C

Material
1 Bogen Tonkarton in Rot

Werkzeug
Cutter

Arbeitsablauf
1. Das Motiv übertragen Sie vom Vorlagenbogen auf den Bogen Tonkarton.

2. Sorgen Sie für eine genügend große Arbeitsfläche, damit Sie das Werkstück mitsamt der Unterlage in die gewünschte Schneiderichtung drehen können.

3. Schneiden Sie zuerst das Rumpelstilzchen, dann das Feuer und zuletzt die feinen Zweige um den Mond herum aus.

Tip: Dieses Fensterbild müssen Sie an mehr Stellen als üblich am Fenster befestigen, da sonst Teile umklappen könnten.

Pfützenkinder

Motiv D, D1-10, s. Seite 20-21!

Material
1 Bogen Tonkarton in Hautfarbe, Tonpapier und Geschenkpapier in beliebiger Farbkombination

Werkzeug
Cutter, Schere, Klebstoff, Klebestift

Arbeitsablauf
1. Schneiden Sie die Grundform einmal aus Tonkarton und alle Bezugsteile einmal aus doppelt gelegtem Ton- und Geschenkpapier aus.

2. Bekleben Sie das Mädchen mit den sich jeweils deckenden Teilen von Mantel, Kragen, Haaren und Stiefeln.

3. Den Jungen bekleben Sie in gleicher Weise mit Hemd, Stiefeln, Hose – deren Träger egalisiert werden müssen – und den Haaren.

4. Nun vervollständigen Sie den Schirm.

Tip: Denken Sie daran, daß Geschenkpapier mit einem Klebestift verarbeitet werden muß, da Klebstoff leicht fleckig durchschlagen kann.

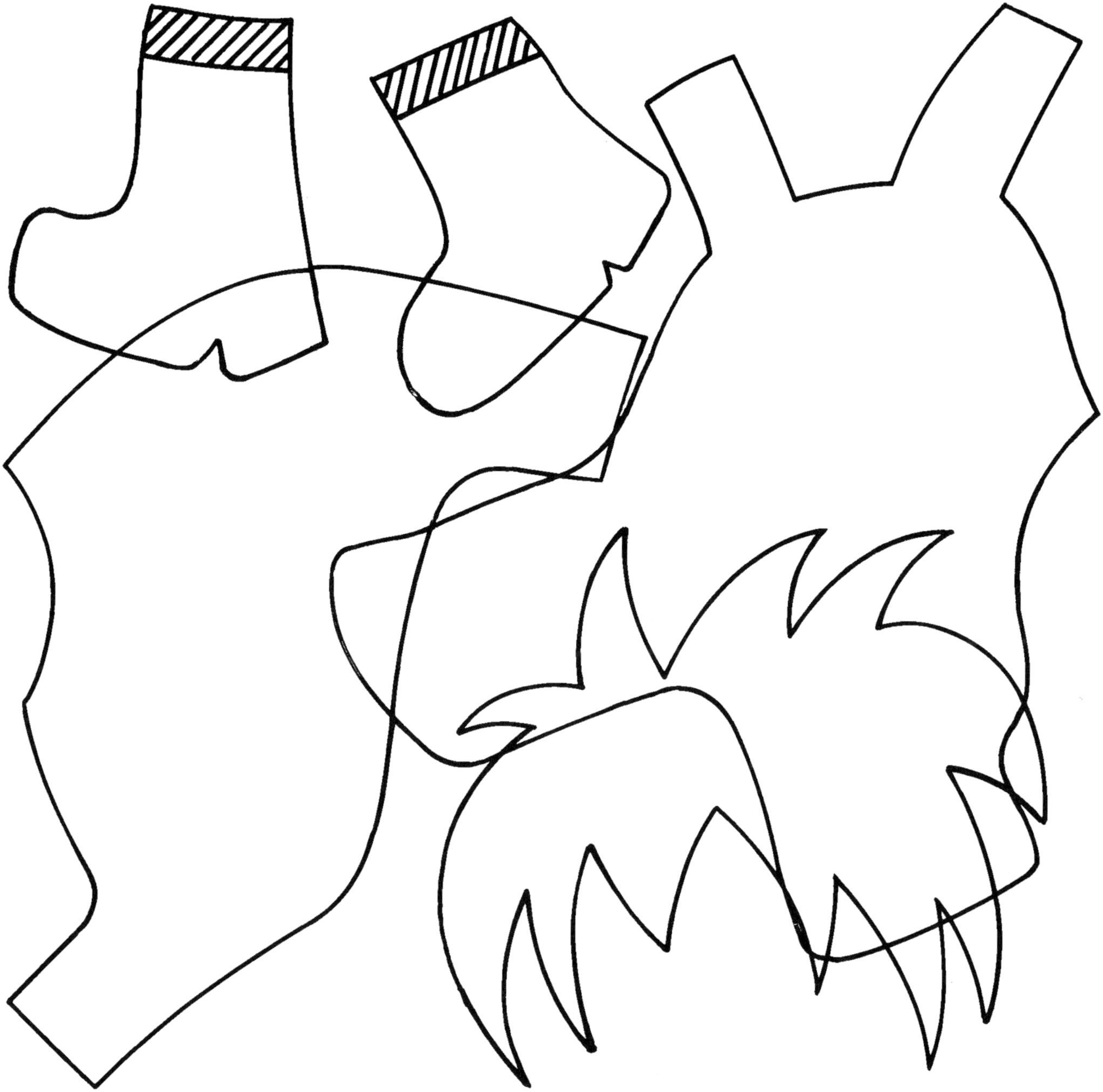

Kinderkarussell

Motiv E, E1-37, s. Seite 24-27!

Material
1 Bogen Tonkarton in Braun, Rest Tonkarton, Tonpapier in Gelb, Rot, Blau, Hell- und Dunkelgrün, Schwarz, Weiß, Braun, Hautfarbe

Werkzeug
Cutter, Schere, Klebstoff

Arbeitsablauf
1. Auf dem Vorlagenbogen ist die Hälfte des Kinderkarussells und die mit einer gestrichelten Linie gekennzeichnete Bruchkante vorgegeben. An dieser Stelle erweitern Sie das Motiv durch Umklappen zu einem Ganzen. Fertigen Sie sich dazu mit Hilfe des Vorlagenbogens eine Schablone aus einem Rest Tonkarton an. Diese können Sie problemlos zur Anfertigung des Kinderkarussells einsetzen.

2. Schneiden Sie die Grundform des Karussells einmal aus Tonkarton und alle anderen Teile aus doppelt gelegtem Tonpapier aus.

3. Die Kinder sind von links (Junge) nach rechts (Mädchen) von 1 bis 7 durchnumeriert. Alle Teile immer von beiden Seiten sich deckend aufeinanderkleben. Kleben Sie die Grundformen von Kind 1 auf die Treppe, die Hand auf die Karussellstange. Bekleiden Sie das Kind mit Hose, Pullover und Haaren.

4. Kleben Sie einen Teil der ersten Gondel auf den Karussellboden und rechts und links an die Karussellstangen.

5. Kleben Sie die Grundform von Kind 2 mit Ausnahme der Hand zusammen, und bekleiden Sie es mit Hose, Pullover und Haaren. Kleben Sie es kniend in die Gondel, die Teile für die Hand befestigen Sie von beiden Seiten an der Karussellstange.

6. Für Kind 3 kleben Sie die Grundform mit Ausnahme der Arme zusammen. Bekleiden Sie es mit dem Kleid, dessen Ärmel beidseitig eingeschnitten werden, und mit den Haaren. Dabei wird der Pferdeschwanz *nicht* zusammengeklebt. Schieben Sie nun die Teddys sich deckend in die Armschlitze, und kleben Sie alles zusammen. Das Mädchen wird sitzend in die Gondel geklebt, der Pferdeschwanz beidseitig an die Karussellstange.

7. Das Pferd aus weißem Tonpapier kleben Sie mit den Hufen auf den Karussellboden, mit dem Schwanz an die Karussellstange. Die Mähne schafft Verbindung zur anderen Karussellstange.

8. Kleben Sie die Grundform des vierten Kindes auf das Pferd, die Fahne zwischen die Teile für die Hand. Bekleiden Sie es mit Hose, Pullover und Haaren.

9. Kleben Sie den ersten Teil der zweiten Gondel wie Gondel 1 ein.

10. Bekleiden Sie die Grundform von Kind 5, bei der der stehende Fuß *nicht* zusammengeklebt wird, mit Hose, Pullover und Haaren.

11. Kleben Sie die Grundform von Kind 6 mit Ausnahme der Hand und des Armes zusammen. Bekleiden Sie es mit Hose und Pullover, der einen Einschnitt am Arm bekommt. Ergänzen Sie die Haare. Schieben Sie in den Armeinschnitt die Teile für die Puppe sich deckend, und kleben Sie alle Teile zusammen.

12. Setzen Sie Kind 6 in die Gondel, und kleben Sie die zweite Gondelhälfte auf. Kleben Sie nun Kind 5 mit den Fußteilen auf die Gondel und mit der Armbiegung an die Karussellstange. Eventuell

können Sie eine zweite Karussellstange auf die erste kleben, damit der Eindruck des „dahinter stehens" von beiden Seiten des Fensterbildes gewährleistet ist.

13. Die Grundform von Kind 7 befestigen Sie mit den Schuhen auf der Stufe, mit den Händen an der Karussellstange. Bekleiden Sie es mit Kleid und Haaren.

14. Kleben Sie die Ornamente zur Verzierung des Karussells an, wie Sie es auf der Abbildung erkennen können.

3
3
3
3
4
4
4
4
4

1
1
1
1
2
2
2
2

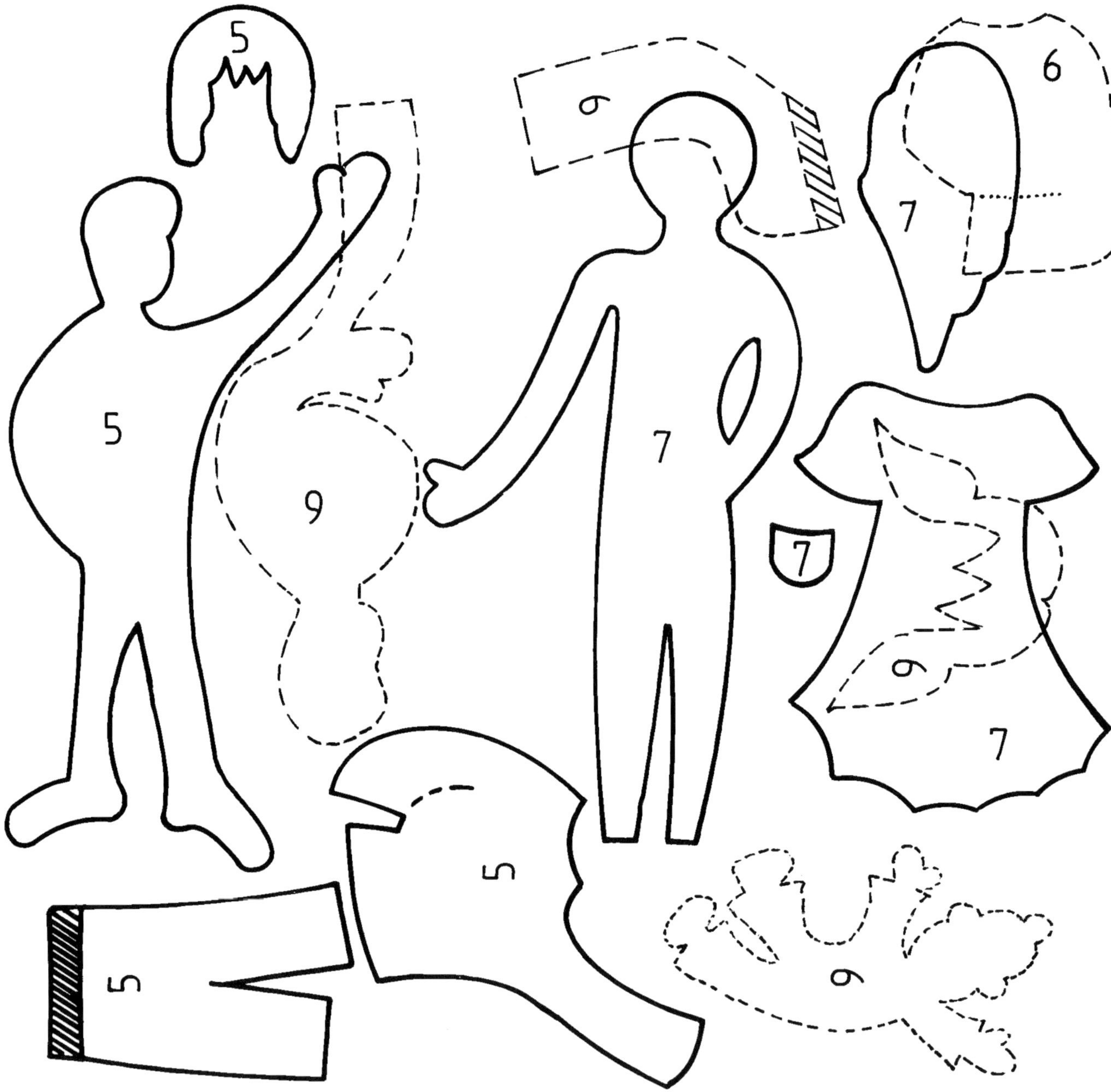
5
5
9
9
7
6
7
7
9
7
5
5
9

Kleine Welt

Motiv F

Material
1 Bogen Tonkarton in Orange

Werkzeug
Cutter, Schere

Arbeitsablauf
1. Mit Hilfe des Vorlagenbogens übertragen Sie das Motiv auf einen Bogen Tonkarton.

2. Sorgen Sie für eine genügend große Arbeitsfläche, damit Sie Ihr Werkstück bequem in die gewünschte Schneiderichtung drehen können.

3. Schneiden Sie erst alle kleinen Innenformen (Fenster etc.) aus, und arbeiten Sie dann die Konturen des Motivs.

Tip: Dieses Fensterbild müssen Sie an mehr Stellen als üblich festkleben, damit keine Teile umklappen können.

Laternenumzug

Motiv G

Material
1 Bogen Tonkarton in Blau, an der kurzen Seite um einen Streifen von 10 cm derselben Farbe verlängert

Werkzeug
Cutter, Schere, Lochzange

Arbeitsablauf
1. Sobald Sie das Motiv mit Hilfe des Vorlagenbogens auf den Tonkarton übertragen haben, schneiden Sie die Konturen einmal grob aus.

2. Beginnen Sie zunächst mit den Laternen. Bei der Sonne sollten Sie das Gesicht zuerst schneiden, damit Ihnen keiner der feinen Stege reißen kann. Eine feine, gebogene Nagelhautschere kann Ihnen bei den Rundungen die Schneidearbeit erleichtern. Mit den Laternen haben Sie den schwierigsten Teil der Arbeit bereits geschafft!

3. Schneiden Sie alle Innenformen der Kinder wie Haare, Schals usw.

4. Arbeiten Sie dann die Konturen zwischen den Kindern und Laternen, ehe Sie als letztes die Außenlinie schneiden.

5. Mit der Lochzange bekommt die Martinsgans und der Hund jeweils ein Auge.

Zirkus

Zirkuseisenbahn

Motiv H, H1-26, s. Seite 34-35!

Material
1 Bogen Tonkarton in Weiß, Rest Tonkarton in Weiß, Tonpapier in Blau, Türkis, Beige, Braun, Schwarz, Weiß, Grün, Grau, Gelb, Rosa, Rot, Rest irisierender Lackkarton oder Glanzpapier

Werkzeug
Cutter, Schere, Klebstoff, Filzstifte in Schwarz, Gelb, Rot, Blau, Braun, Bürolocher

Arbeitsablauf
1. Schneiden Sie die Zirkuseisenbahn mit der anhängenden Qualmwolke einmal aus einem Bogen Tonkarton, den Sie um einen Streifen von 10 cm in der Breite vergrößert haben.

2. Alle anderen Teile werden jeweils einmal aus doppelt gelegtem Tonpapier geschnitten.

3. Kleben Sie die beiden Teile der kleinen Giraffe mit Ausnahme des Mauls zusammen.

4. Befestigen Sie den ersten Teil der großen Giraffe so, daß sich eine Verbindung zwischen Wagen und Wolke ergibt. Bevor Sie den zweiten Teil der großen Giraffe deckungsgleich auf die erste kleben, befestigen Sie am Rücken der großen die kleine Giraffe. Zwei verschiedene Farbtöne lassen die Giraffen besser wirken.

5. Kleben Sie die Teile für den Eisbären in den ersten Wagen, *ohne* den Kopf anzukleben.

6. Ergänzen Sie in diesem Wagen den Seelöwen, bei dem die Flossen ebenfalls noch nicht angeklebt werden.

7. Das Maul der kleinen Giraffe können Sie nun beidseitig am Seehund festkleben.

8. Bekleben Sie eine Körperhälfte des Lokführers mit Hemd und Hose, und kleben Sie diesen nur an der Unterkante in das Lokfenster. Lassen Sie den Arm frei von Klebstoff! Kleben Sie die zugehörigen Teile deckungsgleich von der anderen Seite, und kleben Sie auch hier den Ärmel *nicht* auf der Lok fest.

9. Kleben Sie die blauen Besatzteile der Lok beidseitig auf, wobei Sie den Arm des Lokführers jeweils außen festkleben.

10. Verfahren Sie mit den blauen Besatzteilen des mittleren Wagens genau so: Eisbärkopf und Seelöwenflosse müssen auf dem blauen Besatz festgeklebt werden. Geben Sie dabei dem Eisbär den Fisch ins Maul, der gleichzeitig die Verbindung zur Lok herstellt und diese so stabilisiert.

11. Kleben Sie die blauen Besatzteile auf den letzten Wagen. Ergänzen Sie sich deckend die Teile für den Elefanten. Kleben Sie dabei nur die Ohren an, damit Sie die Stoßzähne noch einpassen können. Wenn der Rüssel nicht ganz festgeklebt wird, wirkt er echter. Setzen Sie Locherpunkte als Augen ein.

12. Kleben Sie den Vogel in den Käfig und diesen auf den letzten Wagen. Ergänzen Sie Vogel und Käfig auf der Rückseite.

13. Kleben Sie das Affenkind auf den ersten Wagen, und vervollständigen Sie es mit dem Gesicht.

14. Einen Teil des großen Affen kleben Sie so auf das Lokdach, daß dieses mit den Wolken verbunden ist. Kleben Sie die Flagge an den Mast und das zweite Teil für den Affen sich deckend auf das erste. Ergänzen Sie beidseitig das Gesicht.

15. Kleben Sie die Grundform für den Pinguin beidseitig sich deckend vor den Schornstein. Ergänzen Sie die schwarzen Teile, und malen Sie Füße und Schnabel rot an. Locherpunkte bilden die Augen.

16. Ordnen Sie die Teile für die Schlange um den Schornstein an, und kleben Sie diese sich deckend auf.

17. Schneiden Sie das Zirkusschild mit einer gebogenen feinen Nagelschere gleich doppelt aus. Ergänzen Sie die Oberkante des Buchstabens „O" mit einem braunen Filzstiftstrich. Kleben Sie das Schild beidseitig auf.

18. Bemalen Sie eine Ballhälfte mit Filzstiften, halten Sie die zweite Hälfte mit der ersten vor das Licht, und übertragen Sie die Einteilung mit Bleistift. Malen Sie nun die zweite Hälfte genau so an wie die erste. Bevor Sie den Ball auf die Nase des Seehundes aufkleben, können Sie die Hälften – falls nötig – begradigen. Als Augen kleben Sie Locherpunkte auf.

19. Alle anderen Tieraugen zeichnen Sie mit schwarzem Filzstift, wie Sie es aus der Abbildung ersehen können.

20. Schneiden Sie sechs Räder aus doppelt gelegtem Tonpapier, und kleben Sie diese an den vorgesehenen Stellen von beiden Seiten an.

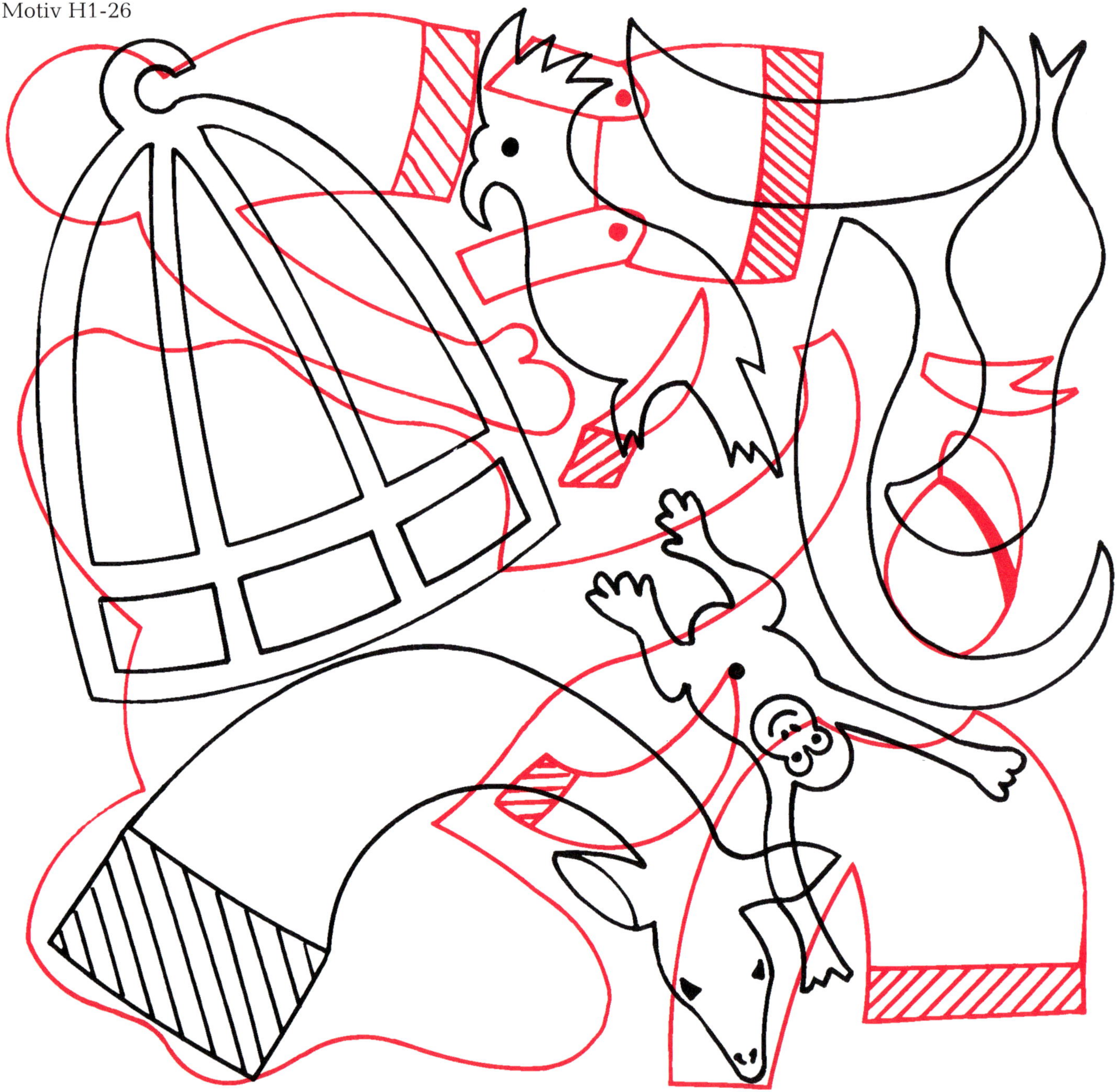

CIRCUS
CURELLI

Zirkuszelt und Besucher

Motiv J, J1-84, s. Seite 38-43!

Material
1 Bogen Tonkarton in Hellblau, Hautfarbe, Rest Tonkarton, Tonpapier in Rot, Blau und viele Farbreste für die Besucher, Geschenkpapier, Buntpapier glänzend, gummiert, weißes Nähgarn

Werkzeug
Cutter, Schere, Filzstifte in Rot, Grün, Blau, Braun, Schwarz, Klebstoff

Arbeitsablauf

1. Auf dem Vorlagenbogen ist die Hälfte des Zirkuszeltes mit einer Bruchkante vorgegeben, die mit einer gestrichelten Linie gekennzeichnet ist. An dieser Linie erweitern Sie die Vorlage durch Umklappen zu einem Ganzen. Dazu fertigen Sie mit Hilfe des Vorlagenbogens eine Schablone aus einem Rest Tonkarton an, die Sie zur Anfertigung des Zirkuszeltes einsetzen.

2. Schneiden Sie die Grundform für das Zelt einmal aus Tonkarton, alle anderen Teile einmal aus doppelt gelegtem Tonpapier aus.

3. Für das Zeltdach kleben Sie zuerst das mittlere blaue Teil D 2 cm über dem Eingang an. Die anderen Dekorteile A, B, C ergänzen Sie rechts und links von der Mitte. Danach kleben Sie das Dach E auf. Die Ränder von Zeltdach und Grundform egalisieren Sie, wenn Sie beide Seiten beklebt haben. Bevor Sie die zweite Dachhälfte deckungsgleich einfügen, kleben Sie zwei 1 cm breite hellblaue Streifen als Masten auf.

4. Kleben Sie von beiden Seiten die gelben Formteile (= Innenraum erleuchtet) als Zelteingang auf. Ergänzen Sie anschließend die Vorhangteile, ebenfalls deckungsgleich.

5. Von der einen Zeltseite über die Stangen bis zur anderen Zeltseite spannen Sie mit Hilfe einer Nadel einen Faden. Befestigen Sie den Knoten mit einem Tupfen Klebstoff an den Stangen.

6. An diesen Faden können Sie die bunten Fähnchen befestigen. Dazu falten Sie Streifen aus gut 2 cm breitem Buntpapier mit der gummierten Seite nach außen. An die Faltkante zeichnen Sie gleichseitige Dreiecke, die Sie ausschneiden, aufklappen, anfeuchten und um die „Leine" herum umklappen (Farbe außen) und dabei zusammendrücken.

7. Die Grundformen für die Personen schneiden Sie je einmal aus Tonkarton, mit Ausnahme des Direktors und seines Gehilfen am Zelt, diese Grundformen benötigen Sie zweimal.

8. Bekleiden Sie die Besucher ganz nach Ihrem Geschmack mit Kleidung, die aus doppelt gelegtem Tonpapier geschnitten wird. Alle Teile werden deckungsgleich geklebt. Auch hier bilden der Direktor und sein Gehilfe wieder eine Ausnahme. Da sie am Zelt festgeklebt werden, benötigen Sie nur eine Frontansicht. Um besonders winzige Teile auszusparen, werden die Schuhe mit Filzstift angemalt.

9. Dekorieren Sie die Personen nach Ihrem Geschmack, oder wie Sie es in der Abbildung sehen, um das Zirkuszelt herum.

1
1
1
1
1
2
2
2
2
2
2
2

3
3
3
3
3
5
3
3
4
5
4
4
5
4
4

12
6
6
6
12
6
12
6
6
6
6
6
6

8
8
8
8
9
7
7
7
9
9

13
13
13
13
14
14
14
13
13

15
15
15
15
15
15
15
15
11
11
11
11

Seelöwennummer

Motiv K

Material
Tonkarton in Weiß, Rest Tonkarton in Violett, Tonpapier in Schwarz, Rot, Gelb, Violett, Hautfarbe, Geschenkpapier in Silber oder irisierender Lackkarton

Werkzeug
Cutter, Schere, Bürolocher, Klebstoff, schwarzer Filzstift

Arbeitsablauf
1. Auf dem Vorlagenbogen finden Sie eine Hälfte des Podestes (gestrichelte Linie = Bruchkante). Fertigen Sie davon eine Schablone. Klappen Sie diese an der gestrichelten Linie um, wenn Sie die Schablone auf Tonkarton aufgezeichnet haben. So erhalten Sie das ganze Podest. Eventuell können Sie auch weiße Tonkartonreste zusammenkleben, um nicht einen ganzen Bogen anschneiden zu müssen.

2. Die Ballinnenform und die Pfanne schneiden Sie ebenfalls einmal aus Tonkarton. Alle anderen Teile werden aus doppelt gelegtem Ton- und Geschenkpapier geschnitten.

3. Kleben Sie die Ballsegmente sich deckend auf die Ballinnenform. Halten Sie dabei Ihr Werkstück gegen das Licht, damit die gleichen Farben passend aufeinanderliegen. Egalisieren Sie den Rand.

4. Kleben Sie die eine Grundform für den Dompteur mit den Schuhen auf das Podest.

5. Bekleiden Sie diese Form mit Hose, Jacke, Bauchschleife, Kragen, Haaren und dem Hut mit Hutband.

6. Ordnen Sie rechts und links auf den Treppenstufen je eine Grundform für den Seehund an, und kleben Sie diese fest.

7. Drehen Sie nun das Fensterbild um, so daß die beklebte Seite auf der Tischfläche liegt.

8. Kleben Sie den Ball zwischen Seehundschnauze und die gespreizten Finger des Dompteurs, und stabilisieren Sie diesen mit der zweiten Grundform für den Seehund.

9. An die Nase des anderen Seehundes kleben Sie die Pfanne. Diese wird von beiden Seiten mit den Kopfteilen eines Fisches beklebt, die Fischschwänze kleben Sie zusammen und dann auf die Hand des Dompteurs.

10. Kleben Sie die zweite Grundform für den Dompteur auf die erste, und ergänzen Sie die Kleidungsstücke in der oben angegebenen Reihenfolge. Beim Aufkleben der Schuhe sollten Sie das Fensterbild vor eine Lichtquelle halten, damit die Schuhe wirklich deckungsgleich aufeinandergeklebt werden.

11. Schneiden Sie die übrig gebliebenen Fischteile am unteren Rand gerade. Markieren Sie mit schwarzem Filzstift den Pfanneninnenraum, und kleben Sie die zwei Fischhälften sich deckend daran.

12. Weiße Locherpunkte bilden die Augen der Seehunde.

Clowns

Motiv L

Material
1 Bogen Tonkarton in Hautfarbe, Tonpapier in Grün, Rot, Blau, Violett, Schwarz, Gelb, Türkis, Rosa, kleingemustertes Geschenk- oder Schrankpapier

Werkzeug
Cutter, Schere, brauner und roter Filzstift, Klebstoff, Klebestift

Arbeitsablauf
1. Schneiden Sie die Grundform einmal aus Tonkarton aus. Alle anderen Teile werden einmal aus doppelt gelegtem Tonpapier geschnitten. Das Skateboard und die Gläser finden Sie aus Platzgründen nur bei der Grundform. Für die Einzelteile nehmen Sie von der Grundform das jeweilige Motiv ab (siehe gestrichelte Linien), geben rundum 0,5 cm zu und schneiden es aus.

2. Kleben Sie die Teile für das Skateboard sich deckend aufeinander.

3. Arbeiten Sie nun den großen Clown: Dazu kleben Sie die Schuhe (Hose dabei einmal anlegen!), dann die Hose, die Jacke, den Kragen mit der Schleife und zum Schluß die Haare an.

4. Beim kleinen Clown kleben Sie zuerst die Bluse auf, deren unterer Ärmel nicht ganz zugeklebt werden darf, da noch die Hand auf dem Skateboard eingefügt werden muß.

5. Ergänzen Sie die Schuhe, nachdem Sie die Hose einmal angelegt haben, um den richtigen Sitz zu prüfen. Einen kleinen Kreis aus doppelt gelegtem Tonpapier können Sie als Pompon auf den unteren Schuh kleben.

6. Kleben Sie nun die Hosenteile auf, und egalisieren Sie die Träger. Es folgen die Haare, die Schleife und die Ärmelbündchen. Für letzteres geben Sie in einen gefalteten und wieder leicht geöffneten Streifen ein wenig Klebstoff, legen den Ärmel in die Falte, klappen den Streifen zu und schneiden den überstehenden Rand ab.

7. Kleben Sie die Teile für den Teller beidseitig sich deckend auf. Ergänzen Sie in derselben Weise die Katze und die Gläser. Diese sind nicht seitengleich, legen Sie die Formen daher erst einmal ohne Klebstoff an, damit Sie die richtigen Seiten aufeinanderkleben.

8. Den Stock können Sie mit einem Filzstift anmalen.

Schneeglöckchen

Motiv M

Material
1 Bogen Tonkarton in Zartgrün

Werkzeug
Cutter

Arbeitsablauf
1. Übertragen Sie mit Hilfe des Vorlagenbogens die Schneeglöckchen auf den grünen Tonkarton.

2. Schneiden Sie die Form erst einmal grob aus.

3. Bearbeiten Sie alle Innenformen, bevor Sie als letztes die äußere Kante schneiden.

Tip: Sie können dieses Motiv gleich doppelt aus einem starken Tonpapier schneiden (siehe *Tulpen*, Seite 55!).

Die vier Jahreszeiten

Abb. Seite 49

Motiv N

Material
1 Bogen Tonkarton in Grün, Pergamentpapier in der Größe der Vorlage

Werkzeug
Cutter, Schere, weicher Bleistift

Arbeitsablauf

1. Übertragen Sie die Hälfte der Vorlage vom Vorlagenbogen auf das Pergamentpapier.

2. Legen Sie die mit weichem Bleistift angefertigte Pergamentzeichnung so auf den Tonkarton, daß daneben für die Ergänzung des Motivs Platz bleibt.

3. Fahren Sie die durchscheinende Zeichnung mit einem Bleistift nach. Der weiche Bleistiftstrich bildet sich auf dem Tonkarton ab.

4. Legen Sie auf der eben durchgezeichneten Seite über die Zeichenlinien eine enge Schraffur mit weichem Bleistift, und klappen Sie die Vorlage an der gestrichelten Bruchkante um.

5. Die schraffierte Seite liegt auf dem Tonkarton. Fahren Sie die Konturen des Motivs abermals mit Bleistift nach. Nun haben Sie das Motiv auf dem Tonkarton und können mit dem Schneiden beginnen.

6. Bis auf die kleinen Rundungen können Sie alle Konturen problemlos mit dem Cutter schneiden.

Tip: Sie können sich nach der Vorlage natürlich auch eine Schablone herstellen und diese durch Umklappen an der Bruchkante zu einem ganzen Motiv ergänzen.

Mädchen mit Enten

Motiv O

Material
1 Bogen Tonkarton in Grün, Tonpapier in Rosa, Schwarz, Weiß, Schrank- oder Geschenkpapier

Werkzeug
Cutter, Schere, Klebstoff, Klebestift, Bürolocher

Arbeitsablauf
1. Übertragen Sie die Wiese mit Hilfe des Vorlagenbogens auf den grünen Tonkarton, und schneiden Sie diese aus.

2. Alle anderen Teile werden aus doppelt gelegtem Ton- und Geschenkpapier einmal ausgeschnitten.

3. Kleben Sie die Teile für die Grundform des Mädchens sich deckend auf die Wiese.

4. Bekleiden Sie das Mädchen mit Bluse und Rock, bei dem Sie die Träger egalisieren. Denken Sie daran, das Geschenkpapier mit dem Klebestift zu befestigen, da Klebstoff leicht fleckig durchschlagen kann.

5. Ordnen Sie die Enten an, und kleben Sie diese fest. Vervollständigen Sie die Enten mit den weißen Formteilen, und kleben Sie Locherpunkte als Augen auf.

Mädchen mit Hasen

Motiv P

Material
1 Bogen Tonkarton in Grün, Tonpapier in Weiß, Rosa, verschiedene Rottöne, Blau, Geschenk- oder Schrankpapier

Werkzeug
Cutter, Schere, Klebstoff, Klebestift

Arbeitsablauf
1. Schneiden Sie die Wiese einmal aus Tonkarton aus. Alle anderen Teile werden aus doppelt gelegtem Ton- und Geschenkpapier geschnitten.

2. Kleben Sie die Teile der Grundform des Mädchens sich deckend auf die Wiese, dabei befestigen Sie den kleineren Hasen zwischen den Teilen für die Arme und eines der Hasenohren am Pony des Mädchens.

3. Vervollständigen Sie das Mädchen mit Kleid, Schürze und Kragen. Beim Kleben der Schürze verwenden Sie einen Klebestift. Beim Kleid liegt der Verlauf des Ärmels genau parallel mit dem Verlauf der Grundform für den Arm.

4. Kleben Sie den zweiten Hasen auf die Wiese, lassen Sie dabei am Rücken einen Teil ohne Klebstoff, damit dort die Tulpe eingeklebt werden kann.

5. Ordnen Sie nach Geschmack 1 cm breite Streifen aus grünem Tonkarton als Stengel an, und kleben Sie Tulpenblüten in verschiedenen Rottönen sich deckend dazu.

Rieseneier mit Hühnern und Hasen

Riesenei mit Hühnern

Motiv Q1

Material
1 Bogen Tonkarton in Gelb

Werkzeug
Cutter, Schere, Lochzange

Arbeitsablauf
1. Mit Hilfe des Vorlagenbogens übertragen Sie das Riesenei auf Tonkarton. Sorgen Sie für eine ausreichend große Arbeitsfläche, auf der Sie Ihr Werkstück mit der Schneideunterlage immer in die richtige Schneiderichtung drehen können.

2. Schneiden Sie zuerst die Innenformen, vorzugsweise mit dem Cutter. Bei kleinen Rundungen hilft Ihnen eine leicht gebogene Nagelhautschere.

3. Den Außenrand schneiden Sie besser mit der Schere.

4. Die Augen stanzen Sie mit der Lochzange aus.

Riesenei mit Hasen

Motiv Q2

Material
1 Bogen Tonkarton in Gelb, Rest Tonkarton

Werkzeug
Cutter, Schere, Lochzange

Arbeitsablauf
1. Auf dem Vorlagenbogen finden Sie die Hälfte des Rieseneies mit einer gestrichelten Bruchkante. An dieser Bruchkante erweitern Sie das halbe Motiv durch Umklappen zu einem Ganzen. Dazu fertigen Sie mit Hilfe des Vorlagenbogens eine Schablone aus einem Rest Tonkarton an. Diese können Sie problemlos zur Anfertigung des Rieseneies verwenden.

2. Zeichnen Sie das Motiv mit Hilfe der Schablone auf den gelben Tonkarton.

3. Schneiden Sie zuerst alle Innenformen, die, bis auf Kleinigkeiten, alle mit dem Cutter geschnitten werden können. Bei kleinen Rundungen ist eine leicht gebogene Nagelhautschere hilfreich.

4. Als letztes schneiden Sie die Außenkante, vorzugsweise mit der Schere.

5. Nach Wunsch zeichnen Sie das zweite Ohr des obersten Hasen wie aus der Abbilgung ersichtlich ein.

6. Mit der Lochzange stanzen Sie den Hasen größere und kleinere Löcher für die Augen.

Osterglocken

Motiv R

Material
1 Bogen Tonkarton in Gelb

Werkzeug
Cutter

Arbeitsablauf
1. Übertragen Sie mit Hilfe des Vorlagenbogens die Osterglocken auf den gelben Tonkarton.

2. Schneiden Sie die Konturen erst einmal grob aus. Nun bearbeiten Sie alle Innenformen, um dann als letztes die Außenlinie zu schneiden.

Tip: Sie können dieses Motiv gleich doppelt aus einem starken Tonpapier schneiden (siehe *Tulpen*, Seite 55!).

Tulpen

Motiv S

Material
1 Bogen Tonkarton in Rot

Werkzeug
Cutter

Arbeitsablauf
1. Zeichnen Sie das Motiv mit Hilfe des Vorlagenbogens auf den Tonkarton.

2. Schneiden Sie den übrigbleibenden Streifen ab, so daß Sie fast ein Quadrat haben. Dieses läßt sich besser handhaben als der ganze Bogen.

3. Schneiden Sie zuerst alle Blüteninnenformen, dann die Innenflächen und zuletzt die Kreisform.

Tip: Wenn Sie ein starkes Tonpapier nehmen (180 g/m²), können Sie gleich zwei Fensterbilder auf einmal schneiden. Dazu heften Sie zwei Quadrate, auf die das Motiv paßt, mit einem Hefter zusammen. Schneiden Sie zuerst alle Innenformen und erst als letztes die äußere Umrißlinie aus.

Gänsekreis

Motiv T

Material
1 Bogen Tonkarton in Weiß und in Gelb

Werkzeug
Cutter, Schere, Lochzange, roter Filzstift

Arbeitsablauf
1. Zeichnen Sie die Form vom Vorlagenbogen auf den Tonkarton. Wollen Sie einen reinen Scherenschnitt arbeiten – also ohne Bemalung der Füße und Schnäbel – dann müssen Sie die mit „x" gekennzeichneten Stellen ebenfalls übernehmen. Diese kleinen Einschnitte dienen der deutlichen Differenzierung der Formen von Schnäbeln und Füßen. Planen Sie allerdings eine Bemalung der Schnäbel und Füße, sollten Sie diese Einschnitte unbedingt weglassen.

2. Schneiden Sie zuerst den Kreis grob zu, dann alle Innenformen, vorzugsweise mit dem Cutter.

3. Mit einer Lochzange stanzen Sie verschieden große Augen.

4. Füße und Schnäbel können Sie mit einem roten Filzstift bemalen. Wenn Sie eine Seite bemalt haben, halten Sie diese an ein Fenster und zeichnen die zu bemalenden Teile der zweiten Seite mit einem Bleistift vor. So sind die bemalten Teile wirklich deckungsgleich. Das ist bei hellen Papieren, die lichtdurchlässig sind, wichtig.

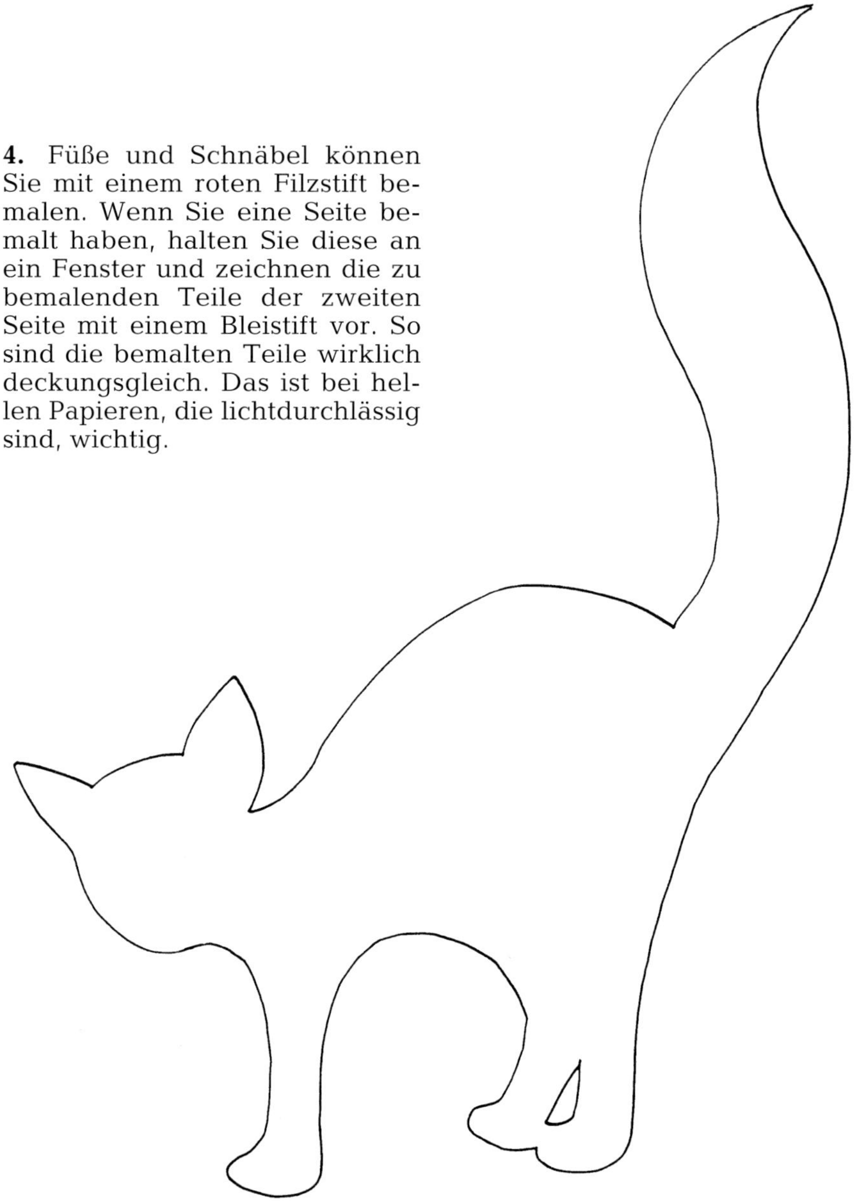

Weihnachtsmann mit Schlitten

Motiv U, U2-7, s. Seite 62-63!

Motiv U1

Material
1 Bogen Tonkarton in Hautfarbe, Tonpapier in Schwarz, Rot, Weiß, Braun, Beige, Grün, Blau, Geschenk- oder Schrankpapier, gestanzte Goldsternchen

Werkzeug
Cutter, Schere, schwarzer Filzstift

Arbeitsablauf
1. Zeichnen Sie die Grundform mit Hilfe des Vorlagenbogens auf den Tonkarton, und schneiden Sie die Form erst einmal grob aus. Die Stelle zwischen der Nikolaushand, dem Teddy und dem Schlittenanfang schneiden Sie bitte als letztes aus, um diese empfindliche Stelle zu schützen.

2. Schneiden Sie zuerst alle Innenflächen aus.

3. Dann fangen Sie beim Schlitten an, schneiden über die Puppe und den Bären zum Nikolaus, an den Schlittschuhen vorbei und *zuletzt* das Band des Schlittens.

4. Alle Besatzteile werden doppelt aus Ton- und Geschenkpapier geschnitten.

5. Kleben Sie alle Teile für den Nikolaus immer beidseitig sich dekkend. Fangen Sie mit den Schlittschuhen an, kleben Sie den

Mantel an und lassen Sie dabei am Mützenrand für die Haare einen Streifen frei von Klebstoff. Am Mantelende unten bleibt ein Teil der Grundform unbedeckt. An dieser Stelle ergänzen Sie das Teil für den Pelzbesatz. Kleben Sie zuerst das vordere kurze Pelzteil, das dann von dem gebogenen langen Pelzteil bedeckt wird. Kleben Sie die Haare unter die Mütze und den Pelzbesatz darauf. Ergänzen Sie Bart, Schnauzer und Armbesatz.

6. Kleben Sie am Schlitten erst die Pakete mit den dazugehörigen Dekorationen entsprechend auf.

7. Wenn Sie das Puppenkleid aufkleben, vergessen Sie nicht, die Hand unter den Ärmel zu kleben, und ergänzen Sie die Haarschleife.

8. Bekleben Sie den Bär mit den zugehörigen Teilen, und malen Sie mit einem schwarzen Filzstift Augen und Nase.

Weihnachtsbaum

Motiv V, V3-4, s. Seite 62!

Motiv V1-2

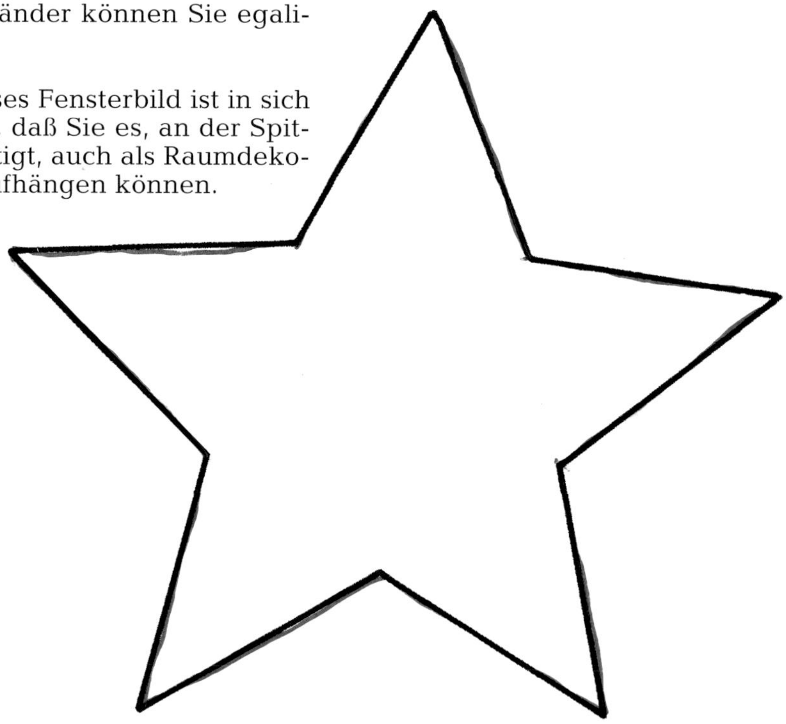

Material
1 Bogen Tonkarton in Grün, Tonpapier in verschiedenen Rottönen, Weiß, Gelb, Goldpapier

Werkzeug
Cutter, Schere, Bürolocher, gelber Filzstift, Klebstoff

Arbeitsablauf
1. Übertragen Sie das Motiv mit Hilfe des Vorlagenbogens auf den grünen Tonkarton, und schneiden Sie es aus. Alle Dekorteile werden aus doppelt gelegtem Tonpapier geschnitten.

2. Sie benötigen sechs Christrosen, zwei Sterne, zwei Spitzformen, zwei Zapfenformen und Kreise mit den angegebenen Radien (r = Radius bzw. Halbmesser):

Kreis Nr. 1: r = 2,1 cm
Kreis Nr. 2: r = 2,3 cm
Kreis Nr. 3: r = 2,8 cm
Kreis Nr. 4: r = 3,2 cm
Kreis Nr. 5: r = 3,6 cm
Kreis Nr. 6: r = 3,7 cm
Kreis Nr. 7: r = 4,1 cm
Kreis Nr. 8: r = 3,6 cm

3. Kleben Sie alle Dekorteile an die vorgesehenen, aus der Abbildung ersichtlichen Stellen. In die Christrosen kleben Sie einen Locherpunkt, die Staubgefäße zeichnen Sie mit einem gelben Filzstift ein. Eventuell überstehende Ränder können Sie egalisieren.

Tip: Dieses Fensterbild ist in sich so stabil, daß Sie es, an der Spitze befestigt, auch als Raumdekoration aufhängen können.

Motiv U2-7; V3-4

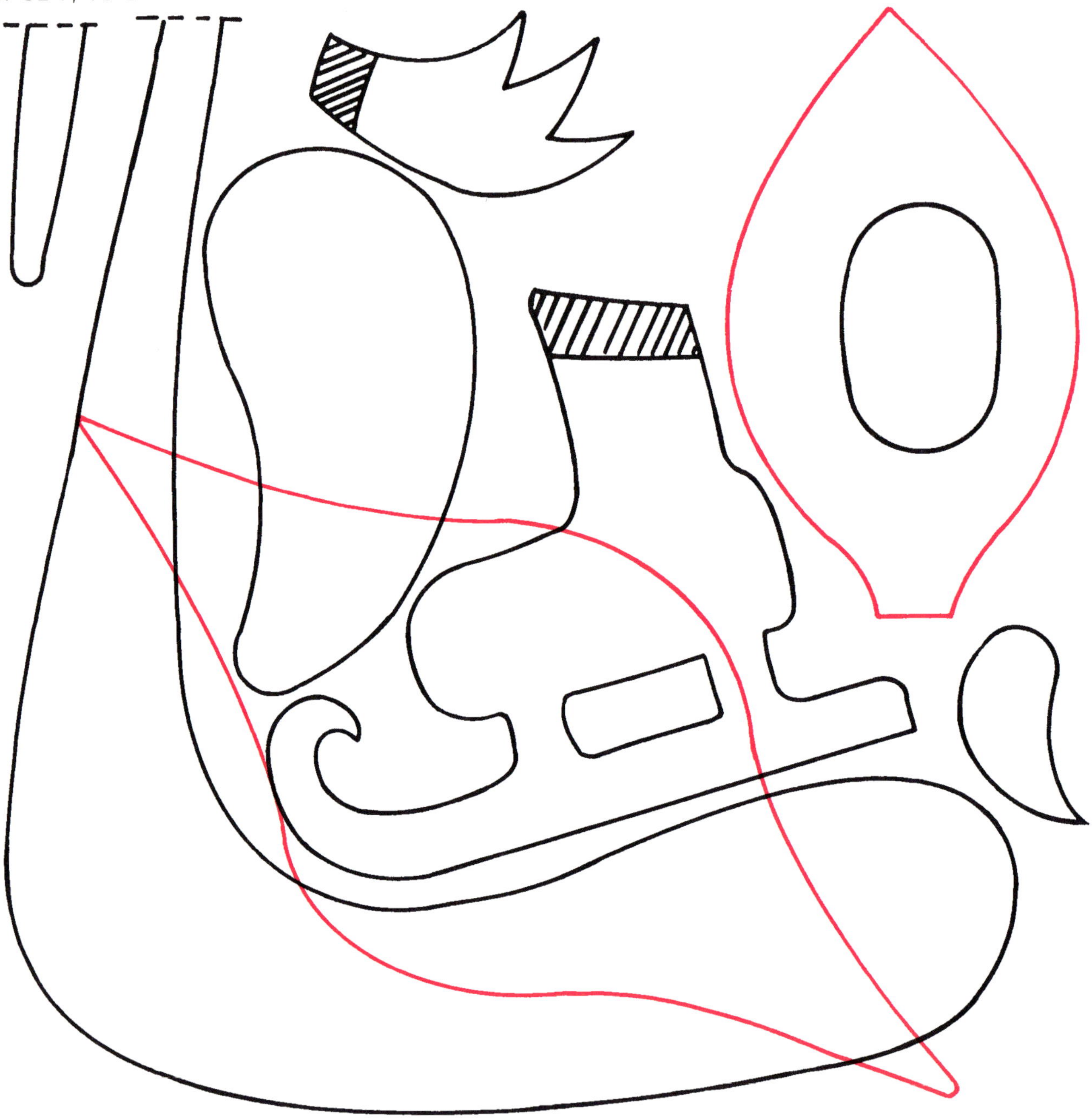

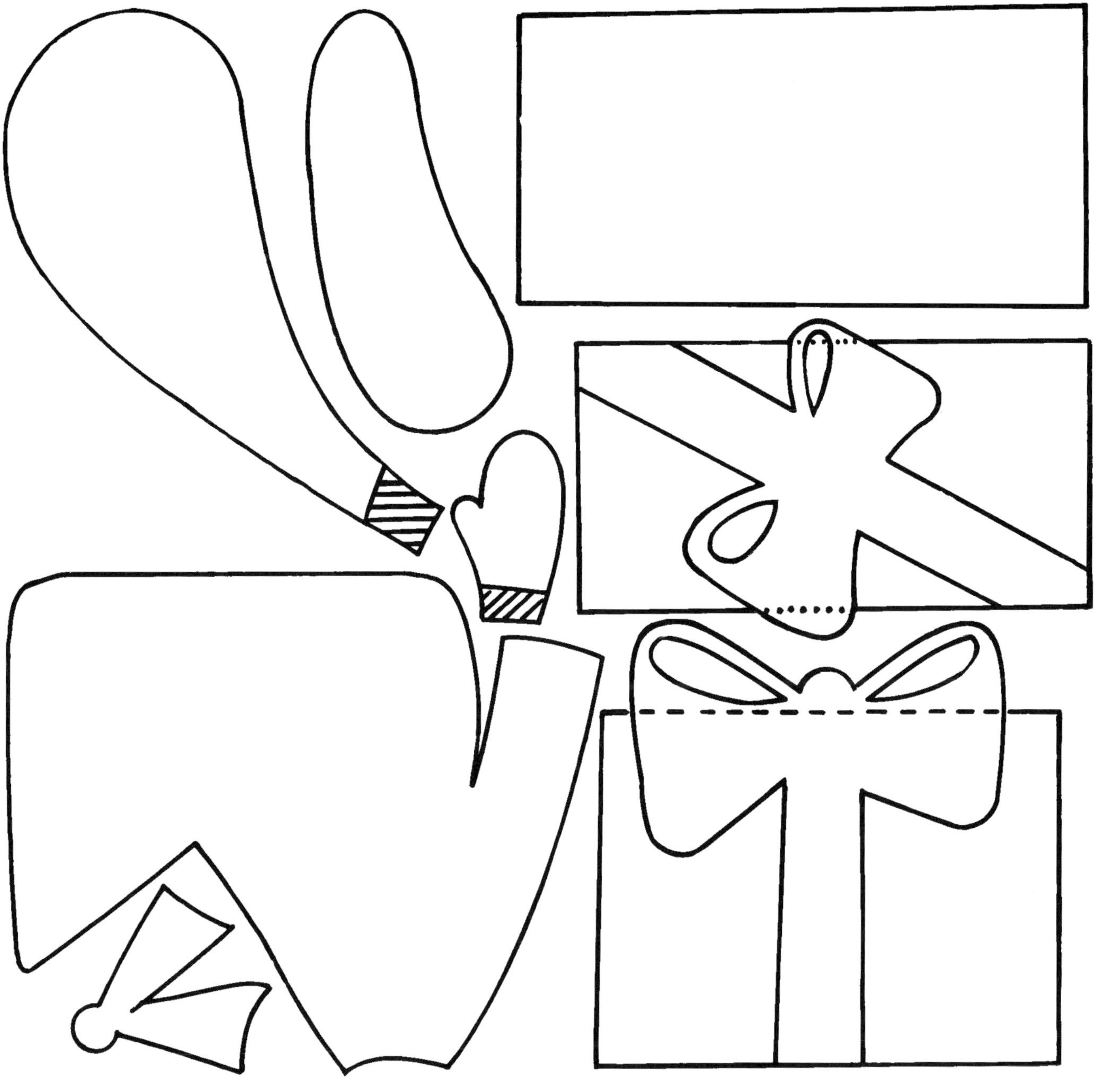

Eva Rüscher ist 1947 in Gummersbach im Oberbergischen Land (Nordrhein-Westfalen) geboren. Sie ist ausgebildete Kunst- und Werklehrerin und arbeitet seit fast zwanzig Jahren in diesem Beruf. Sie unterrichtet an der Realschule in Höxter und gibt Bastelkurse für Jugendliche und Erwachsene.

ISBN 3-419-53545-7

Styling und Fotos: Peter Nielsen, Umkirch
Reinzeichnungen Vorlagenbogen nach Vorgaben der Autorin: Anne Marie Friedel
Reinzeichnungen auf Seite 20, 21, 24, 25, 26, 27, 34, 35, 38, 39, 40, 41, 42, 43, 58, 60, 62, 63: Anne Marie Friedel
Reinzeichnungen auf Seite 4, 6, 7, 8, 11, 12, 14, 16, 18, 28, 36, 44, 46, 51, 52, 54, 55, 56: Eva Rüscher
Umschlaggestaltung: Michael Wiesinger
Reproduktionen: Scan-Studio Hofmann, Gundelfingen
Herstellung: Konkordia Druck GmbH, Bühl (Baden) 1995